BEI GRIN MACHT SICH IHR WISSEN BEZAHLT

AF144665

- Wir veröffentlichen Ihre Hausarbeit,
  Bachelor- und Masterarbeit

- Ihr eigenes eBook und Buch -
  weltweit in allen wichtigen Shops

- Verdienen Sie an jedem Verkauf

Jetzt bei www.GRIN.com hochladen und kostenlos publizieren

Entwicklung eines Trainingsplans für einen Studenten

Trainingslehre I

Marius Hayn

Bibliografische Information der Deutschen Nationalbibliothek:

Die Deutsche Nationalbibliothek verzeichnet diese Publikation in der Deutschen Nationalbibliografie; detaillierte bibliografische Daten sind im Internet über http://dnb.d-nb.de abrufbar.

ISBN: 9783346337719
Dieses Buch ist auch als E-Book erhältlich.

© GRIN Publishing GmbH
Nymphenburger Straße 86
80636 München

Druck und Bindung: Books on Demand GmbH, Norderstedt Germany
Gedruckt auf säurefreiem Papier aus verantwortungsvollen Quellen

Das vorliegende Werk wurde sorgfältig erarbeitet. Dennoch übernehmen Autoren und Verlag für die Richtigkeit von Angaben, Hinweisen, Links und Ratschlägen sowie eventuelle Druckfehler keine Haftung.

Das Buch bei GRIN: https://www.grin.com/document/976787

Deutsche Hochschule für

Prävention und Gesundheitsmanagement

Hermann Neuberger Sportschule 3

66123 Saarbrücken

Einsendeaufgabe

Fachmodul: Trainingslehre 1

Studiengang: Fitnessökonomie

Datum
Präsenzphase   25.02.-28.02.2019

Name, Vorname: Hayn, Marius

Studienort: Saarbrücken

Semester: Wintersemester 2018

Inhaltsverzeichnis

1 Lösung Aufgabe 1

1.1 Allgemeine und biometrische Daten

Bevor ein idealer Trainingsplan erstellt werden kann, bedarf es der Berücksichtigung von allgemeinen und biometrischen Daten der Testperson M, wie zum Beispiel das Alter, das Geschlecht, Körpergröße und -gewicht, die Beweggründe der Person, der Beruf, aktuelle sowie frühere sportliche Aktivitäten, der zeitliche Faktor, biometrische Werte wie der Blutdruck, der allgemeine Gesundheitszustand als auch mögliche gesundheitliche Einschränkungen, welche in der folgenden Tabelle aufgeführt werden:

Tabelle 1: Allgemeine und biometrische Daten

Allgemeine und biometrische Daten	
Alter:	23 Jahre
Geschlecht:	männlich
Körpergröße:	186 cm
Körpergewicht:	77 kg
Trainingsmotive:	Allgemeiner Kraftzuwachs, Stärkung des Rückens, athletisches Figurenbild
Berufliche Tätigkeit:	Student
Aktuelle sportliche Aktivitäten:	Kraftsport (seit 2 Monaten ohne festen Trainingsplan, 1-2x / Woche á 1 Stunde), Fußball (seit 15 Jahren, Hobby, 2x / Woche á 2 Stunden), Tennis (seit 1 Jahr, Hobby, 2x / Monat á 1 ½ Stunden)
Frühere sportliche Aktivitäten:	Vor 2 Jahren Tischtennis (Hobby, 2x / Woche á 1 ½ Stunden)
Zeitlicher Verfügungsrahmen:	Montag, Mittwoch und Freitag jeweils 1 ½ Stunden
Blutdruck:	Systolischer Blutdruck: 126 mmHg Diastolischer Blutdruck: 82 mmHg Norm: 120/80 mmHg (Mancia et al., 2013, S. 1286) Der Blutdruck der Testperson M befindet sich im normalen Bereich und fällt nicht unter die Klassifikation einer arteriellen Hypertonie.
Allgemeiner Gesundheitszustand:	Ideale gesundheitliche Begebenheiten für ein Erreichen der Trainingsmotive
Sonstige gesundheitliche Einschränkungen:	Keine Einschränkungen bekannt, Medikamente werden nicht eingenommen

1.2 Krafttestung

In Bezug auf den Aufgabenbereich der Krafttestung für die Trainingspraxis eignen sich einfach zu handhabende sportmotorische Tests als Instrument der Kraftdiagnostik (Bös & Mechling, 1983; Bös, 1987). Zunächst gilt es durch einen bestimmten Krafttest den momentanen Leistungsstand der Testperson M zu erfahren.

Ein möglicher Test ist der Mehrwiederholungskrafttest, auch X-RM-Test genannt, welcher in diesem Fall bei der Testperson angewendet wird. Hierbei wird zur Bestimmung von submaximalen Trainingsintensitäten im Krafttraining die mit einer bestimmten Wiederholungszahl erreichte Beanspruchung der Muskulatur als Grundlage für die Belastungsdosierung gewählt. Ziel des X-RM-Tests ist also die Ermittlung des maximal zu bewältigenden Gewichtes für eine vorher definierte Wiederholungszahl (Marschall & Fröhlich, 1999b, S. 311). Dieser prozentual ermittelte Wert sollte dann auch im Training gewählt werden.

Dieser Test ist sehr gut auf die Testperson M anwendbar, da sich das Gewicht einfach an den momentanen Leistungsstand anpassen lässt und der Bewegungsablauf intensiver trainiert wird, als bei einem 1-RM-Verfahren.

Der beschriebene Test besteht aus mehreren Geräteübungen und einer festgelegten Anzahl an Wiederholungen pro Satz. Jeder Trainingssatz beinhaltet 10 Wiederholungen. So kann das angestrebte Ziel der Muskelhypertrophie nach der letzten Trainingseinheit verfolgt und der Retest mit dem Mehrwiederholungskrafttest verglichen werden.

Für die Testperson M werden insgesamt 8 Übungen pro Einheit ausgewählt. Für jeweils jede Übung wird ein Gewicht vorgegeben, welches die Testperson mit maximal 10 Wiederholungen ausführt. Falls die Wiederholungszahl nicht =10, sondern <10 oder >10 sein sollte, kann dies durch die Intensität der Übung, also durch eine Steigerung bzw. Senkung des Gewichts angepasst werden, sodass nach 3 Testsätzen mit jeweils 1 Minute Pause das optimale Gewicht für die jeweilige Übung ermittelt wird.

In der folgenden Tabelle sind die Übungen und Testsätze aufgeführt:

Tabelle 2: Krafttestung

Krafttestung Mehrwiederholungskrafttest (10-RM-Test):					
Übung (geführt)	WH	TS 1	TS 2	TS 3	Endergebnis
Brustpresse	10	25 kg	35 kg	40 kg	40 kg
Lastzug	10	20 kg	35 kg		35 kg
Rudern	10	20 kg	30 kg	35 kg	35 kg
Bizepscurls	10	5 kg	8 kg	10 kg	10 kg
Dips (Gegengewicht)	10	50 kg	35 kg	30 kg	30 kg
Beinpresse	10	80 kg	90 kg	100 kg	100 kg
Wadenheben	10	60 kg	70 kg	75 kg	75 kg
Bauchpresse	10	20 kg	30 kg		30 kg

Auf das 1-RM-Verfahren wirken sehr viele Einflussfaktoren bzw. Störgrößen, wie zum Beispiel das Alter ein, sodass keine Referenz- bzw. Normwerte zur Vergleichbarkeit des Maximalkraftniveaus vorzufinden sind. Diese Erkenntnis ist auf die Ergebnisse aus Mehrwiederholungskrafttests übertragbar. Die Bestimmung des X-RM ist also kein geeignetes Instrument zum interindividuellen Leistungsvergleich. Jedoch kann bei exakter Standardisierung der Testrahmenbedingungen, des Testablaufes und der Testmethodik ein Mehrwiederholungskrafttest durchaus als intraindividueller Leistungsvergleich dienen.

Der X-RM-Test wird nun vor jeder Trainingseinheit durchgeführt, damit die geeignete Intensität für die vorgegebene Wiederholungszahl ausgewertet werden und auf die Trainingsplanung übertragen werden kann. Hier ist es sinnvoll, die Ergebnisse der aufeinander folgenden Trainingseinheiten zu dokumentieren, um Vergleichswerte zu erhalten und Fortschritte einzusehen.

Um die passende Intensität für die vorgegebene Wiederholungszahl errechnen zu können, eignet sich in diesem Fall die Individuelle-Leistungsbild-Methode, auch ILB-Methode genannt, da hier in verschiedene Leistungsstufen unterschieden wird und somit bei Trainingsanfängern Verletzungen oder Überbelastungen vermieden werden können.

2 Zielsetzung/Prognose

Die nachfolgenden Ziele leiten sich aus den bereits genannten Trainingsmotiven ab:

Als erstes Ziel wird der allgemeine Kraftzuwachs genannt. Hierfür würde sich als Ziel die Muskelhypertrophie, also die Verdickung der einzelnen Muskelfasern nennen, welche sich durch eine Gewichtszunahme von 10-15 kg an den Geräten innerhalb von 6 Monaten widerspiegeln soll, vorausgesetzt der erstellte Trainingsplan wird regelmäßig und konsequent vollzogen. Als Überprüfung des gesteckten Zieles eignet sich ein Retest, welcher 6 Monate später stattfinden wird. Hier vergleicht man nun die einzelnen Werte miteinander, um schließlich zu sehen, ob das Ziel des Kraftzuwachses erreicht wurde. Dieses Verfahren gilt auch für die anderen Zielsetzungen.

Krafttraining führt zu einer Querschnittzunahme sowohl der Typ-I- als auch der Typ-II-Muskelfasern. Nach einem sechsmonatigen Krafttrainingsprogramm konnten Vergrößerungen des Muskelfaserquerschnitts um 33% im Bereich der Typ-II- und um 27% im Bereich der Typ-I-Muskelfasern bei vorher untrainierten jungen Männern im Bereich des M. triceps brachii festgestellt werden (Mac Dougall, 1986a). Obwohl durch ein Krafttraining alle Muskelfasertypen angesprochen werden, zeigen die meisten Studien eine bevorzugte Hypertrophie der Typ-II-Muskelfasern (Friedmann, 2007; Mac Dougall, 1994, S. 233). Außerdem ist es bewiesen, dass bei untrainierten Menschen der Muskelzuwachs in den ersten Monaten des Krafttrainings am stärksten ist, weshalb das Erreichen des Ziels im oben genannten Zeitraum durchaus realistisch ist.

Als zweites Ziel steht die Stärkung der Rückenmuskulatur an. Hier gilt es das Gewicht an den beiden Geräten Latzug und Rudern um 10-15 kg innerhalb der 6 Monate zu erhöhen. Die Rückenmuskulatur besteht aus vergleichbar großen Muskeleinheiten. Bei größeren, proximal gelegenen Muskeln werden die motorischen Einheiten bis zu einem Kraftniveau von 80% rekrutiert und erst in einem Bereich von 80-100% erfolgt die Kraftentwicklung durch eine Steigerung der Frequenzierung (Zatsiorsky, 1996, S. 98). Da bei der Testperson M im Bereich der Rückenmuskulatur keine Störfaktoren vorliegen, ist auch hier das Erreichen des Ziels innerhalb des oben genannten Zeitraums umsetzbar.

Das dritte Ziel beschäftigt sich mit dem optischen Erscheinungsbild der Testperson M. Hier wird als Ziel ein erkennbarer Muskelzuwachs vorausgesetzt, welcher sich durch einen erhöhten Umfang der Brust-, Bauch- und Beinmuskulatur widerspiegeln soll. Der Umfang sollte sich innerhalb von 6 Monaten um 3-5 cm verbessern. Dieser wird also jeweils vor dem ersten Krafttest und vor dem Retest nach 6 Monaten gemessen und miteinander verglichen, um zu überprüfen, ob das gesteckte Ziel tatsächlich erreicht wurde. Durch das Krafttraining innerhalb der 6 Monate erfolgt eine Zunahme des Muskelquerschnitts, welcher sich positiv auf die Ausdehnung des Umfangs auswirkt. Wenn also die ersten beiden Ziele erreicht werden, sollte dies mit dem Erreichen des dritten Ziels einhergehen. In der nachfolgenden Tabelle werden nochmals die Zielsetzungen samt Ausmaß und Zeitanspruch aufgezeigt:

Tabelle 3: Zielsetzung/Prognose

Zielsetzung/Prognose		
Inhalt	Ausmaß	Zeit
Allgemeiner Kraftzuwachs	Gewichtszunahme von 10-15 kg an den Geräten	6 Monate
Stärkung des Rückens	Erhöhung des Gewichtes um 10-15 kg an den beiden Übungen Latzug und Rudern	6 Monate
Athletisches Figurenbild	Erhöhung des Umfangs der Brust-, Bauch- und Beinmuskulatur um 3-5 cm	6 Monate

3 Trainingsplanung Makrozyklus (MAZ)

Die Trainingsplanung richtet sich nach der bereits erwähnten ILB-Methode, da hier in verschiedene Leistungsstufen unterschieden wird und somit eine genaue Einstufung der Testperson M möglich ist. Da die Testperson gerade mal seit 2 Monaten Kraftsport ohne festen Trainingsplan ausübt, gilt diese als Anfänger. Demnach lässt sich die Intensität genauestens auf die Person abstimmen, sodass eine mögliche Überbelastung ausgeschlossen werden kann. Unter anderem das Bindegewebe ist unter dem jetzigen Stand keine höheren Belastungen gewöhnt und die Individuelle-Leistungsbild-Methode meidet hohe Belastungen bei Trainingsanfängern, sodass sich die Wahl dieser Methode als sinnvoll gestaltet.

Für die Testperson M ist es möglich, 3 mal pro Woche eine Einheit á 90 Minuten zu absolvieren. Für Trainingsanfänger konnte festgestellt werden, dass bei einem Krafttraining mit dem Ziel Muskelaufbau sogar lediglich eine Krafttrainingseinheit pro Woche zu signifikanten Muskelmassezuwächsen führen kann. Bei zwei oder drei Trainingseinheiten wurde jedoch ein deutlich größerer Muskelzuwachs erzielt; wobei drei Trainingseinheiten pro Woche einen tendenziell höheren Trainingseffekt auslösten (Wirth, Atzor & Schmidtbleicher, 2007). Wenn es nach der ILB-Methode geht, sollten Unerfahrene 2 Einheiten pro Woche absolvieren, um die Wirkung der Regenerationszeit zu berücksichtigen. Die Testperson wird also mindestens 2 mal pro Woche Krafttraining ausüben. Im späteren Verlauf des MAZ kann auf 3 Einheiten erhöht werden, wenn die Erholungsphase als ausreichend empfunden wird.

Die Testperson M hat pro Einheit einen zeitlichen Verfügungsrahmen von 90 Minuten. Die meisten Studien zeigten eine Überlegenheit des Mehrsatz-Trainings im Hinblick auf die Kraftentwicklung (Buskies & Boeckh-Behrens, 2009; Greiwing & Freiwald, 2005; Humburg, 2005; Kraemer, 1997; Marx et al., 2001; Paulsen et al., 2003; Pearson, Faigenbaum, Conley & Kraemer, 2000; Sanborn et al., 2000; Schlumberger et al., 2001). Auch verschiedene Metaanalysen (Peterson et al., 2004, 2005; Rhea, Alvar, Burkett & Ball, 2003; Wolfe, Le Mura & Cole, 2004) konnten Vorteile eines Mehrsatz-Trainings sowohl für Trainingsanfänger als auch für fortgeschrittene Kraftsportler aufzeigen. An einem Trainingstag wird also mit 2-3 Sätzen (Mehrsatz-Training) gearbeitet, um maximal 6 Sätze pro Muskeleinheit zu absolvieren.

Die ersten drei Blöcke des MAZ wird die Testperson M mit einer Belastungsintensität von 70-80% trainieren und die restlichen beiden mit einer Intensität von 80-90%. Aufgrund dessen, dass die Testperson immerhin schon 2 Monate Krafttraining absolviert und sich in einem Alter von 23 Jahren befindet, kann man die Intensitätsstufe nach dem dritten Block erhöhen, um Trainingsfortschritte zu erzielen und somit die Motivation der Testperson aufrecht zu erhalten. Unter Berücksichtigung des Modells der Superkompensation sollte die gesetzte Belastung einen Trainingsreiz erzielen, welcher es ermöglicht, nach der Regenerationsphase einen erneuten Reiz zu setzten. Dieser sollte im Bereich des Mehrausgleichs liegen. Das Problem hierbei ist jedoch, dass dieser Zeitpunkt nicht terminierbar ist und jedes beanspruchte Organ seinen eigenen Superkompensationsverlauf hat.

Die Testperson M wird in einem Ganzkörpertraining verschiedene Übungen absolvieren, welche die gewünschten Muskelgruppen beanspruchen und belasten werden. Ein Split-Training ist hier weniger sinnvoll, da die Testperson nur drei Tage pro Woche zur Verfügung hat und hier jedoch mindestens vier mal pro Woche ein Krafttraining durchführen müsste, um durch eine Aufteilung der Muskeleinheiten die gewünschten Trainingsreize zu erzielen. Wenn die Testperson über einen längeren Zeitraum regelmäßig trainieren sollte, könnte man durchaus an zwei Tagen ein Split-Training und am dritten Tag ein Ganzkörpertraining vereinbaren.

Was die Trainingsmethodik angeht, wird das Hauptmerkmal unter der Berücksichtigung des gesteckten Zieles auf das Muskelaufbautraining gelegt, weshalb die Abschnitte vermehrt auf den Muskelaufbau und weniger auf die Kraftausdauer fallen. Hier wird auch vom umfangsorientierten zum intensitätsorientierten Krafttraining unterschieden.

Die Testperson wird mit einem extensiven Kraftausdauertraining starten, damit sich die physiologischen Begebenheiten, wie das Bindegewebe, Sehnen, Bänder und Knorpel an das Krafttraining anpassen und somit Verletzungen vorgebeugt werden können. Im zweiten Abschnitt des MAZ folgt ein extensives Muskelaufbautraining, welches durch ein intensives Muskelaufbautraining im dritten Abschnitt abgelöst wird. Hier wird vermehrt das Dickenwachstum der Muskelfasern gefördert. Durch den Wechsel der Abschnitte eins und zwei kommt es zu einem Wechsel der Methodik und somit zu einer erhöhten Belastung. Auch bei dem Wechsel von Abschnitt zwei und drei wird die Intensität gesteigert, da die Wiederholungszahl im Laufe der aufeinander folgenden Zyklen abnimmt. Im vierten Abschnitt wird ein intensives Kraftausdauertraining eingebaut, welches, was die Intensität betrifft, prozentual einen höheren Wert besitzt als das Kraftausdauertraining im ersten Abschnitt des MAZ. Es wird nun auf ein Kreistraining gewechselt, welches die Testperson M auf die hohen Belastungen im letzten Abschnitt einstimmen soll. Hier kommt es wieder zu einem Wechsel der Organisationsform, nämlich vom Kreistraining zum Stationen-Training. Der letzte Abschnitt beinhaltet wieder ein intensives Muskelaufbautraining mit drei Sätzen pro Übung, um noch einmal die Kraftsteigerung anzukurbeln.

Der Makrozyklus wird nun noch einmal tabellarisch dargestellt:

Tabelle 4: Makrozyklus

Makrozyklus				
	Mesozyklus 1	Mesozyklus 2	Mesozyklus 3	Mesozyklus 4	Mesozyklus 5
Zyklusdauer	4 Wochen	4 Wochen	6 Wochen	4 Wochen	6 Wochen
Trainingsziel	Kraftausdauertraining	Extensives Muskelaufbautraining	Intensives Muskelaufbautraining	Kraftausdauertraining	Intensives Muskelaufbautraining
Organisation	GK / Stationen-Training	GK / Stationen-Training	GK / Stationen-Training	GK / Kreistraining	GK / Stationen-Training
Einheit / Woche	2	2	2	2 bis 3	2 bis 3
Übungen / Muskelgruppe	1 bis 2	1 bis 2	1 bis 2	1 bis 2	1 bis 2
Sätze / Übung	2	2	3	2 Runden	3
Wdh.	15 bis 20	12 bis 15	8 bis 12	15 bis 20	8 bis 12
Satzpausen	60 Sekunden	90 Sekunden	90 Sekunden	Keine	90 Sekunden
Intensität	70 bis 80%	70 bis 80%	70 bis 80%	80 bis 90%	80 bis 90%
Tempo (konzentrisch / isometrisch / exzentrisch	2 / 0 / 2	2 / 0 / 2	2 / 0 / 2	2 / 0 / 2	2 / 0 / 2

9

4 Trainingsplan Mesozyklus (MEZ)

Der Makrozyklus besteht in diesem Fall aus fünf einzelnen Mesozyklen. Bei dem zweiten Mesozyklus sind, wie bei allen anderen Zyklen, geführte Maschinen vorzufinden. Diese haben den Vorteil einer progressiven Intensitätssteigerung. Außerdem erlauben Krafttrainingsmaschinen eine achsengerechte Positionierung und eine individuelle Geräteeinstellung, so dass ungünstige Belastungen auf das passive Bewegungssystem minimiert werden können.

Die geführten Geräte haben außerdem den Vorteil einer geringen Übungsvarianz, da, verglichen mit Freihantelübungen, kaum Ausweichmöglichkeiten bestehen. Gerade bei hohen Intensitäten wird hier die Verletzungsgefahr deutlich reduziert. Außerdem können die einzelnen Muskelgruppen durch die geführten Bewegungsmuster besser isoliert trainiert werden. Die Ausführung können hierbei schneller erlernt werden und sind gerade für Trainingsanfänger aufgrund der niedrigen koordinativen Anforderungen in der Regel leichter zu erlernen. Dies sollte der Testperson M allemal keine Probleme bereiten, da schon in der Vergangenheit Sportarten ausgeübt wurden, wo koordinative Fähigkeiten trainiert und verbessert wurden. Durch das schnellere Erlernen der Abläufe kommt es gerade bei Anfängern zu schnelleren Erfolgserlebnissen. Dadurch steigt die Wahrscheinlichkeit einer regelmäßigen Durchführung des Krafttrainings.

Weder der von außen wirkende Widerstand noch die einwirkende Kraft sind während der gesamten Bewegungsamplitude konstant. Je nach Arbeitswinkel bzw. Drehmomenten kann also bei einer Übung der Widerstand höher oder niedriger sein. Je nach Arbeitswinkel kann die beanspruchte Muskulatur ein höheres oder niedrigeres Kraftpotenzial entwickeln (Hay, 1994, S. 207). Hier greift nun die Exzentertechnik ein, welche primär bei eingelenkigen Übungen vorzufinden ist. Hier werden nun die Widerstandskurven manipuliert. Über einen Exzenter wird der Lastarm des Gewichtes beeinflusst (Hay, 1994, S. 207 f.). Der Hebelarm der Arbeitsmuskulatur bleibt konstant. In einem Arbeitswinkel, in dem die Muskulatur ein großes Kraftpotenzial aufbringen kann, sorgt der Exzenter für einen großen Lastarm der Gewichtslast. Dadurch wird die Arbeitsmuskulatur auch stärker belastet. Dieser Ablauf ist auch auf die umgekehrte Weise zurückzuführen, sodass bei geringem Kraftpotenzial die Arbeitsmuskulatur auch geringer belastet wird.

Im zweiten Mesozyklus sind auch Übungen vorzufinden, welche aus mehreren Gelenkpartien bestehen. Da bis zu diesem Zeitpunkt schon Bewegungsabläufe verinnerlicht und somit die intermuskuläre Koordination, also das Zusammenspiel mehrerer Muskeln verbessert wurde, sollte eine Erweiterung der Bewegungsvarianz kein Problem für die Testperson M darstellen.

In den einzelnen Mesozyklen wird die Intensität jeder einzelnen Übung erneut prozentual errechnet, um das Training an den Leistungsstand der Testperson anzupassen und somit fortlaufend Fortschritte zu erzielen, welche letztendlich zu den Trainingszielen führen sollten. Auch hier sind die einzelnen Wiederholungen pro Übung, die Sätze und die Satzpausen festgelegt, welche sich aus dem Makrozyklus ergeben. So wird es ermöglicht, dass das Krafttraining im gegebenen Zeitfenster absolviert werden kann.

Die Testperson M sollte zuerst die großen Muskelgruppen trainieren, das heißt Übungen wie die Beinpresse, die Brustpresse und der Lastzug werden bevorzugt, so dass keine vorigen Belastungen auf diese Arbeitsmuskulaturen anfallen. Wenn dieses Schema beibehalten wird, kann dadurch ein größerer Trainingseffekt erzielt werden. Anschließend werden die kleineren Muskelgruppen abgearbeitet und isoliert trainiert.

Der zweite Mesozyklus wird nun noch einmal tabellarisch dargestellt:

Tabelle 5: Mesozyklus 2

Mesozyklus 2					
Zyklusdauer: 4 Wochen		W 1	W 2	W 3	W 4
Intensität:		70,00%	70,00%	80,00%	80,00%
Beinpresse	100 kg	70 kg	70 kg	80 kg	80 kg
Wadenheben	75 kg	53 kg	53 kg	60 kg	60 kg
Latzug	35 kg	25 kg	25 kg	28 kg	28 kg
Rudern	35 kg	25 kg	25 kg	28 kg	28 kg
Brustpresse	40 kg	28 kg	28 kg	32 kg	32 kg
Bauchpresse	30 kg	21 kg	21 kg	24 kg	24 kg
Bizepscurls	10 kg	7 kg	7 kg	8 kg	8 kg
Dips (Gegengewicht)	30 kg	21 kg	21 kg	18 kg	18 kg

Mesozyklus 2	
Trainingsziel:	extensives Muskelaufbautraining
Einheit / Woche:	2
Organisation:	GK / Stationen-Training
Übungen / Muskelgruppe:	1 bis 2
Sätze / Übung:	2
Satzpausen:	90 Sekunden
Wdh.:	12 bis 15
Tempo (konzentrisch / isometrisch / exzentrisch):	2 / 0 / 2

5 Literaturrecherche

In der folgenden Tabelle werden zwei verschiedene Studien aufgelistet, welche sich mit den Effekten des Krafttrainings bei arterieller Hypertonie beschäftigen:

Tabelle 6: Effekte des Krafttrainings bei arterieller Hypertonie

Effekte des Krafttrainings bei arterieller Hypertonie		
Name der Studie:	Auswirkungen von Ausdauer- vs. Krafttraining vs. der Kombination Ausdauer-/Krafttraining auf die systemische Hämodynamik, Gefäßelastizität sowie Herzfrequenzvariabilität bei Patienten mit arterieller Hypertonie	Bluthochdruck und Krafttraining
Autoren:	Anna Lena Bickenbach	Dr. med. Susanne Meinrenken
Erscheinungsjahr:	2012	2018
Forschungsfrage:	- der Vergleich eines Ausdauertrainings vs eines Krafttrainings vs der Kombination aus beiden Trainingsformen auf die systemische Hämodynamik, Gefäßelastizität sowie Herzfrequenzvariabilität bei Patienten mit arterieller Hypertonie	- allgemeines Krafttraining als Therapiemittel zur Senkung des Blutdrucks
Versuchspersonen:	- 55 therapienaive Hypertoniepatienten (42 Männer, 13 Frauen im Durchschnittsalter von 54,7 Jahren)	- Teilstudie 1: 320 Personen mit normalem und erhöhtem Blutdruck - Teilstudie 2: Frauen mit erhöhtem Blutdruck
Versuchsaufbau:	- Probanden unterzogen sich einer ärztlichen Untersuchung, unter anderem einer 24-h-Blutdruckanalyse, einer HRV-Analyse und einer Analyse zur Bestimmung der Gefäßelastizität - anschließend wurden die Probanden in drei verschiedene Gruppen aufgeteilt: Ausdauertraining (AT), Krafttraining (KT), Ausdauer-Krafttraining (AKT) - das Training umfasste jeweils drei Einheiten pro Woche über einen Umfang von 12 Wochen	- Teilstudie 1: Probanden absolvierten ein vierwöchiges Krafttraining - Teilstudie 2: Teilnehmerinnen, welche ein Blutdruckmittel einnahmen, absolvierten ein gering intensives Gewichtstraining, wobei mit 40% des maximalen Gewichts in drei Durchgängen á 20 Wiederholungen trainiert wurde

| Ergebnisse und Schlussfolgerungen: | - die körperliche Leistungsfähigkeit anhand der VO2max wurde in allen drei Gruppen signifikant erhöht
- in der AT Gruppe reduzierte sich der Blutdruck um -3,30 mmHg (2,35%), in der KT Gruppe um -4,90 mmHg (3,44%) und in der AKT Gruppe um -5,80 mmHg (4,18%)
- die Parameter der HRV bzw. der Gefäßelastizität veränderten sich nicht signifikant
- die besten Ergebnisse wurden in der kombinierten Gruppe erreicht, was wohl auf den doppelten Trainingsumfang bzw. die doppelte Dauer zurück zu führen ist
- Krafttraining sollte aufgrund der positiven Effekte, unter anderem Metabolismus, in den Trainingsalltag von Hypertoniepatienten aufgenommen werden | - Teilstudie 1: nach dem vierwöchigen Krafttraining konnte eine Senkung von -3 mmHg beim systolischen und diastolischen Blutdruck festgestellt werden
- Teilstudie 2: bereits zehn Stunden nach dem gering intensiven Krafttraining konnte ein verminderter Ruheblutdruck festgehalten werden
- es zeigt sich also, dass Krafttraining durchaus Teil des Trainingsalltags von Patienten mit Bluthochdruck sein kann, denn auch wenn die genannten Werte vorerst gering erscheinen, kann es dennoch eine langfristig positive Wirkung auf die Gesundheit von Herz und Gefäßen haben |

6 Literaturverzeichnis

1. Mancia et al. (2013, S. 1286)

2. Bös & Mechling (1983); Bös (1987)

3. Marschall & Fröhlich (1999b, S. 311)

4. Mac Dougall (1986a)

5. Friedmann (2007); Mac Dougall (1994, S. 233)

6. Zatsiorsky (1996, S.98)

7. Wirth, Atzor & Schmidtbleicher (2007)

8. Buskies & Boeckh-Behrens (2009); Greiwing & Freiwald (2005); Humburg (2005); Kraemer (1997); Marx et al. (2001); Paulsen et al. (2003); Pearson, Faigenbaum, Conley & Kraemer (2000); Sanborn et al. (2000); Schlumberger et al. (2001)

9. Peterson et al. (2004, 2005); Rhea, Alvar, Burkett & Ball (2003); Wolfe, Le Mura & Cole (2004)

10. Hay (1994, S. 207)

11. Hay (1994, S. 207 f.)

12. Bickenbach, A. (2012). Auswirkungen von Ausdauer- vs. Krafttraining vs. Der Kombination Ausdauer-/Krafttraining auf die systemische Hämodynamik, Gefäß elastizität sowie Herzfrequenzvariabilität bei Patienten mit arterieller Hypertonie. Köln: Deutsche Sporthochschule Köln / Institut für Kreislaufforschung und Sport medizin / Abteilung Präventive und Rehabilitative Sport- und Leistungsmedizin (Forschungseinrichtung), 2012, 123 S., Lit.

13. https://www.hochdruckliga.de/krafttraining-fuer-patienten-mit-bluthoch druck.html

14. Kelley GA, Kelley KS. Progressive resistance exercise and resting blood pressu re: a meta-analysis of randomized controlled trials. Hypertension 2000; 35: 838-43.

15. Melo CM, Alencar F, Tinucci T, et al. Postexercise hypotension induced by low-

intensity resistance exercise in hypertensive women receiving captopril. Blood

Pressure Monitoring 2006; 11: 183-9.

16.   Sorace P, Churilla JR, Magyari PM. Resistance Training for Hypertension. AC

M's Health & Fitness Journal 2012; 16: 13-17.

7 Tabellenverzeichnis

Tabellenverzeichnis